ALFRED HAHN (1873–1942)

Umschlagseite vorn:
Alfred Hahn

Eine größere Anzahl von Exemplaren dieses Buches
wird auf Grund einer Spende der
Eugen-Gutmann-Gesellschaft e.V.
Berliner Schulen zur Verfügung gestellt

SOPHIE-D. FLEISCH

ALFRED HAHN

BERLINER BANKIER
INTEGRIERT – INTERESSIERT – DEPORTIERT

HENTRICH & HENTRICH

STIFTUNG NEUE SYNAGOGE BERLIN
CENTRUM JUDAICUM

JÜDISCHE MINIATUREN
SPEKTRUM JÜDISCHEN LEBENS
Herausgegeben von Hermann Simon

Band 48 ALFRED HAHN

Ganzer Straße 10, 16866 Teetz und Berlin

Druck: Brandenburgische Universitätsdruckerei und
Verlagsgesellschaft Potsdam mbH

1. Auflage 2006
Printed in Germany
ISBN 3-938485-30-2

Inhalt

Alfred Hahn

Vorwort und Dank

Liebe Leserin, lieber Leser,

vielleicht sind Sie durch Zufall an dieses Buch geraten, vielleicht sind Sie auch Sammler der Jüdischen Miniaturen und haben schon mehrere gelesen und ob ihrer Gründlichkeit geschätzt. Um sich z. B. über eine berühmte Person zu orientieren, ohne dicke Wälzer durcharbeiten zu müssen, oder um Ihr vorhandenes Wissen aufzufrischen. Sie erwarten, daß auch dieses Buch Ihnen eine bekannte Person umfassend vorstellt. Allerdings haben Sie wahrscheinlich noch nie von Alfred Hahn und seiner Familie gehört und sind gerade deswegen neugierig? Wer war Alfred Hahn? Warum sind Sie ihm bisher noch nicht begegnet? Alfred Hahn war weder berühmt, noch wird dieses Buch haarscharf präzise sein können. Alfred Hahn war ein ganz normaler Jude, zwar erfolgreich, der sich aber – zumindest meines Wissens nach – nicht exorbitant durch wissenschaftliche, künstlerische, wirtschaftliche oder sonstige öffentlichkeitswirksame Taten hervorgetan hat. Insofern ist es nicht verwunderlich, daß Sie ihn noch nicht entdeckten, denn »man muß« ihn nicht kennen.
Dennoch erscheint dieses Buch, wofür ich Herrn Dr. Hermann Simon, Stiftung Neue Synagoge Centrum Judaicum Berlin, sehr dankbar bin. Von Anfang an war er außerordentlich aufgeschlossen, obwohl wir uns über-

haupt nicht kannten. Am Ende hat er trotz seiner Arbeitsbelastung das Manuskript lektoriert und mich in vielfältiger Weise unterstützt.
Bedanken möchte ich mich außerdem bei Frau Sabine Hank, Archivarin des Centrum Judaicum. Sie hat mich kompetent und freundlich begleitet. Keine noch so abstruse Frage war ihr zu viel, immer bekam ich binnen kürzester Zeit eine weiterführende Antwort.
Diese Jüdische Miniatur gibt nun Gelegenheit, eine wohl durchaus typische Berliner Familie dieser Zeit ansatzweise kennenzulernen und einen Blick in eine Sphäre zu werfen, die durch die Nazis zerstört wurde. Ich will Alfred Hahn und seiner Familie ein geistiges Denkmal setzen. Denn gerade aufgrund seiner relativen Unbekanntheit steht Alfred Hahn vielleicht für viele, über die nie geredet wird, von denen aber jeder einzelne erwähnenswert ist. Sechs Millionen, wahrscheinlich mehr, ermordete Juden – das ist eine abstrakte Zahl, die man sich nicht vorstellen kann, die dem Individuum nicht gerecht wird. Insofern bietet Alfred Hahn die Möglichkeit zu fokussieren und in ein individuelles Schicksal einzutauchen. Das Erschrekkende liegt nicht nur in der »Banalität des Bösen« auf der Täterseite, sondern auch in der Normalität des einzelnen Opfers. Totalitäre Regime ermorden immer Intellektuelle, Herausragende usw., die angeblich irgendwie »gefährlich« für das Regime werden können. Das millionenfache Abschlachten des Normalbürgers macht aber den eigentlichen Völkermord aus.

Warum nun Alfred Hahn und nicht ein anderer? Weil ich seine Urgroßnichte bin und wenigstens etwas über ihn erzählen kann, auch wenn ich zwanzig Jahre nach seinem Tod geboren wurde. Insofern hat dieses Buch subjektive Einsprengsel, einiges gründet auf »Oral History«. Ich bitte diesbezüglich um Verständnis. »Naturgemäß« ist wenig erhalten, die Überlieferung wurde abgebrochen. Deswegen ist es leider auch nicht möglich, farbenfrohe, detaillierte Anekdoten wiederzubeleben, die dieser Miniatur einen geschmeidigeren Erzählstrang geben würden.

Sophie-D. Fleisch
Lauterbourg, Mai 2006

Eltern

Salomon (Salo*) Hahn, nach meinen Unterlagen Kaufmann, nach denen des Centrum Judaicum Bürobeamter, geboren 2. 9. 1838 in Strehlen (bei Breslau), und Charlotte Rappaport, geboren 9. 8. 1850 in Beuthen (bei Kattowitz), kamen »aus dem Osten«, verliebten sich, gingen nach Berlin und heirateten. Schon hier beginnt der Mangel an Genauigkeit in zweierlei Hinsicht, denn ob sie sich dort kennenlernten und dann gemeinsam nach Berlin gingen, oder ob sie sich erst in Berlin kennenlernten, wissen wir nicht. Und ob sie verliebt waren oder aus ganz anderen Gründen heirateten, bleibt ebenfalls der Spekulation anheimgegeben. Jedenfalls starb Salomon Hahn 5. 9. 1895 im Jüdischen Krankenhaus in Berlin an einem Gehirnschlag mit 57 Jahren. Bis dahin hatten sie sieben Kinder in die Welt gesetzt, von denen zum Todeszeitpunkt des Vaters sechs minderjährig waren. Ob nun mit oder ohne große Liebe, die Kinder stellten jedenfalls für Charlotte fortan auch eine gewisse Belastung dar, die sie nur mit finanzieller Hilfe eines unverheirateten Bruders, der Mühlenbesitzer gewesen sein soll, lindern konnte, um die Kinder durchzubringen und ihnen eine angemessene Ausbildung zukommen zu lassen. (Später hat dann Alfred Hahn, der älteste Sohn, seinem jüngsten Bruder Adolf das Medizinstudium finanziert.)

---

* Kosenamen stehen in Klammern.

Ihre Aufgabe ist ihr jedoch im Ergebnis hervorragend gelungen, denn als sie am 22.8.1937 an den Folgen eines Schlaganfalls in der Aschaffenburger Straße 22 in Berlin mit 87 Jahren starb, waren alle Kinder lange aus dem Gröbsten heraus und gehörten einer etablierten Schicht an, deren Werte und Erziehungsmuster offenbar bis heute fortwirken, denn sogar ich bin noch mit dem Credo aufgewachsen, daß beispielsweise Servietten aus Stoff und fast tischtuchgroß zu sein haben und mit gesticktem Monogramm zu versehen sind, lediglich »plated« Silberbesteck »nichts richtiges« ist und ein Mann sich als ungebildeter Prolet desavouiert, betritt er nicht vor einem das Restaurant…

Charlotte wurde neben ihrem Ehemann am 25.8.1937 auf dem Jüdischen Friedhof Berlin-Weißensee beigesetzt.

Grabstein von Salomon und Charlotte Hahn, Berlin-Weißensee 2006

Die zweite Ungenauigkeit besteht bezüglich des Mädchennamens von Charlotte. Bis vor kurzem war allein von Rappaport die Rede. Der Name taucht in verschiedenen Dokumenten auf und ist damit gesichert. In der Personalakte[1] von Alfred Hahn, die ich das Privileg hatte, persönlich einsehen zu können, wofür ich mich an dieser Stelle bedanken möchte, gibt dieser selbst den Mädchennamen seiner Mutter allerdings anders, nämlich mit »Waßerzug« (Wasserzug) an. Warum Alfred den Namen seiner Mutter falsch angegeben hat, gibt wahrlich Rätsel auf und läßt sich nicht erklären.

Sechs Geschwister

Felix Hahn, am 29.8.1875 in Berlin geboren.
Ernst (Ante) Hahn, am 24.10.1876 in Berlin geboren.
Hans und
Margarethe (Grethe) Hahn, Zwillinge, am 4.5.1878 in Berlin geboren.
Kurt Hahn, am 7.9.1879 in Gleiwitz geboren.
Adolf Hahn (Dr. med.), am 28.4.1882 in Berlin geboren.
Über die Jugend der Kinder, wie sie aufwuchsen, wo sie gewohnt haben, welche Einflüsse auf sie gewirkt haben, ist nichts bekannt. Jedenfalls ist überliefert, daß sie als Erwachsene nicht religiös waren, und auch auf den wenigen verbliebenen Photos ist kein religiöser Gegenstand oder ähnliches sichtbar.

11. November 1933 in Wannsee
(von links nach rechts hinten): Hans Hahn, Ernst Hahn,
Felix Hahn, Else Werthan, geb. Hahn, Kurt Hahn
(von links nach rechts vorn): Adolf Hahn, Alfred Hahn,
Clara Hahn, geb. Angress
(Es fehlt die Schwester Margarethe Levy, geb Hahn.)

Ernst

Allerdings war man auch nicht gerade begeistert, als Ernst, der dritte Bruder und mein Urgroßvater, die nicht-jüdische Lina (Line) Berta Samberg (geboren 29.4.1877 in Hinsdorf, gestorben 27.1.1958 in Essen) heiratete und am 20.9.1903 in der Sankt Jacobi Kirche zu Berlin im Alter von 27 evangelisch getauft wurde. Zu diesem Zeitpunkt wohnhaft in der Beuthstraße 17, ein idealer Standort für den Großhandels-Textilkaufmann, der somit zu Fuß zum Hausvogteiplatz gehen konnte. Allein, ihre Stellung als Tochter eines begüterten Gutsbesitzers aus Hinsdorf (Kreis Dessau-Köthen) mag die Zweifel gemildert haben, immerhin war sie »eine gute Partie«. Da deren erste Tochter, Erna Marianne, am 7.5.1905, und die zweite, Margot, am 2.2. 1908 in Berlin geboren wurden, kann man davon ausgehen, daß die Konvertierung lediglich pro forma zum Zwecke der Eheschließung vollzogen wurde, zumal nicht bekannt ist, daß etwa eine Distanzierung vom Judentum stattgefunden hätte. (»In the year 1903 he changed religion to marry a wealthy farmer's daughter.«[2]) Im Gegenteil hatte dieser Teil der Familie wohl einen größeren Einfluß, da er vor Ort war und man sich häufig traf. Die Tatsache dieser Eheschließung hat ihm später das Leben gerettet, so daß er am 18.3.1950 in Oberhausen starb, nachdem er den Krieg trotz Verhaftung durch die Gestapo in Berlin überlebt hatte. Am 3.1.1935 erhält er noch »im Namen des Führers und Reichskanzlers … zur Erinnerung an den

Weltkrieg 1914/1918 das von dem Reichspräsidenten Generalfeldmarschall von Hindenburg gestiftete Ehrenkreuz für Frontkämpfer…« aufgrund der Tatsache, daß er 1918 das Eiserne Kreuz zweiter Klasse bekommen hatte. Wenige Jahre später, 1943, spielt das keine Rolle mehr. Warum die Gestapo ihn nach unbekannter, aber verhältnismäßig kurzer Zeit wieder freiließ, es ist von zwei Wochen die Rede, ist nicht nachvollziehbar. Das Eiserne Kreuz war es sicher nicht. Er soll in der Rosenstraße gewesen sein, leider habe ich bisher keine Liste der dort Inhaftierten finden können.

Einmal hat meine Mutter laut am Telephon geweint. Da war ihr Vater in Berlin von der Gestapo abgeholt worden. Er kam aber wieder frei. Soweit ich weiß, war er in der Rosenstraße.[3]

Für die in Berlin vergleichsweise zahlreichen so genannten Mischlinge sowie die in ›Mischehen‹ Lebenden und deren Kinder galten viele Sonderbestimmungen. Der bekannteste Fall ist sicher die Freilassung der während der Fabrik-Aktion festgenommenen Männer aus der Rosenstraße.[4]

1939 wohnte Ernst in der Hasenheide 74 in Neukölln. Später dann in der Chausseestraße 80 in einem zerbombten Haus, welches seine Frau zur Eheschließung von ihren Eltern als Mitgift bekommen hatte. Das Grundstück/Haus wurde in den 1980er Jahren vor Maueröffnung in marodem Zustand an die Firma Schering verkauft.

Alle anderen Geschwister blieben jüdisch und heirateten entsprechend.

Felix

Nur Felix, der zweite Bruder, blieb Junggeselle. Er war Diplom-Ingenieur und vertrat als selbständiger Unternehmer im großen Stil mehrere Maschinenhersteller in Berlin. Es heißt, er sei ein eleganter Typ gewesen, gar ein bißchen ein Dandy. Die Photos bestätigen das. Entspannt sitzt er auf einem Gartenstuhl und liest Zeitung, Kleidung und Haltung sprechen für sich.

Felix Hahn
Wannsee
Pfingsten 1932

Gleichwohl hat ihn das nicht davon abgehalten, sich intensiv um seine Mutter Charlotte zu kümmern, die bei ihrem Tod bei ihm in der Aschaffenburgerstraße 22 wohnte. Die Wohnung hatte er seit 1914 inne. Er war es auch, der sich um die Beerdigung seiner Mutter kümmerte. Zusammengefaßt, wie Günther Hahn, sein Neffe und Sohn von Hans Hahn, später schrieb:
He stayed with and looked after grandmother Hahn. He was a good man.
Aufgrund seiner sogenannten »Vermögenserklärung« wird am 1. 9. 1942 (ein generalisiertes Datum für das neue, überarbeitete Vermögenserklärungsformular dieser Phase, welches insbesondere dazu diente, neben dem Vermögen als solchem auch den Zustand der zu räumenden Wohnung genau zu erfassen, um ihre Verwendbarkeit für »arische« Nachmieter einschätzen zu können und die Kosten für Renovierungen gegebenenfalls dem eingezogenen Vermögen des unmittelbar zu Deportierenden aufzuerlegen; entsprechend sind die Angaben im Vermögenserklärungsformular[5] zu machen, denn der Generalbauinspektor (GBI) für die Reichshauptstadt Albert Speer will natürlich wissen, ob die Wohnung in einem ordentlichen Zustand ist…) die »Verfügung« der »Geheimen Staatspolizei Staatspolizeileitstelle Berlin« erlassen, mit der Felix' gesamtes Vermögen zugunsten des Deutschen Reichs eingezogen wird. Die »Zustellung« erreichte in solchen Fällen den Betroffenen auf gepacktem Koffer in der Sammelstelle unmittelbar vor dem Abtransport. Die Verfügung zur Ver-

mögenseinziehung mit Zustellungsvermerk wurde von der Gestapo einbehalten und an die mit der Vermögensverwertung beauftragten Behörden weitergeleitet. In der Zeittafel[6] der »Neugestaltungsräumungen 1941–1943 nach dem Bauplan für Berlin 1940«, wird der unmittelbare Zusammenhang zu Speers Wohnungsräumungsmaßnahmen, die einem Todesurteil gleichkamen, deutlich, denn die Deportation von Felix fällt in den Rahmen der sogenannten »Deportationen zum Räumauftrag der 3. Großaktion« ab Juni 1942, »Alterstransporte Theresienstadt vom 21. bis 25. 9. 1942, 63. bis 67. Transport«, und seine Wohnungsadresse in den »zu entsiedelnden« Stadtbereich.

Felix war Hauptmieter und hatte die Wohnung 1937 zuletzt auf seine Kosten renovieren lassen, vermutlich nach dem Tod der Mutter. Bei ihm wohnte auch (jedenfalls bis 1939) seine Schwester Margarethe. Aus seiner »Vermögenserklärung« geht hervor, daß im September 1942 Dr. Leo Masur, dessen Frau Henriette und andere Personen auf 30 m^2 in zwei Zimmern zur Untermiete wohnten, bevor sie nach Auschwitz deportiert wurden. Es ist möglich, daß das Haus als »Judenhaus« ausgewiesen war. Es gibt Hinweise, die schließen lassen, daß Felix die Wohnung auf Margarethe als Hauptmieterin überschreiben ließ – möglicherweise, weil sie als türkische Staatsangehörige (siehe unten bei Margarethe) besser geschützt war, und man versuchte, so eine Kündigung zu vermeiden.

Als Vermögen gibt Felix einen Schreibtisch, ein Bücherregal, einen Schreibmaschinentisch, einen Rollschrank,

eine Schreibmaschinentischlampe an. Das Haus wurde nach Herbst 1942 vollständig zerbombt. (Heute ist dort in der »Baulücke« ein Kinderspielplatz.) In der Vermögensakte von Felix heißt das dann handschriftlich auf der Inventar- und Bewertungsliste, Schätzungsblatt Nr. 1, laut Straßenliste 32/18146 H[7] am 7.4.1943:
Betrifft Wilmersdorf 07.04.43 Die Häuser Aschaffenburgerstr. 21–26 sind völlig zerstört. Der Verbleib der Sachen ist hier nicht bekannt. Weber
Man sieht, daß es in diesem Fall weniger um die Verwertung des restlichen Vermögens (hier 80,– RM) ging, als um die Tatsache, daß der begehrte Wohnraum weggefallen war.
Die »Zustellungsurkunde« muß Felix in der Sammelstelle Große Hamburger Straße 21 am 24.9.1942 unterschreiben. Am 25.9.1942 kommt Felix in Theresienstadt an:
Eingeliefert im Ghetto Theresienstadt am 25.09.1942, Kategorie Jude, durch Gestapo Berlin; verstorben im Ghetto Theresienstadt (Datum und Ursache des Todes nicht bekannt); eingeäschert am 19.03.1944[8]

Hans

Über den vierten Bruder, Hans, schreibt Günther: »He was my father. Involved in building development and banking. Lately he became an Estate Agent. Intelligent, loveable and goodhearted, if sometimes somewhat extravagant…«
Nach Centrum Judaicum/Archiv war Hans Grundstücks-

und Hypothekenvermittler. Nach Günther, geboren 28.5. 1911 in Breslau, gestorben 26.3.1998 in Kapstadt, hatte Hans mit seiner Frau Johanna, in Kattowitz am 2.7.1886 geborene Schalscha, zwei weitere Kinder. Marianne, geboren 20.04.1915 in Breslau, gestorben 15.10.1975 in Zürich, wohin sie aus Kapstadt zurückgekommen war, und Fritz.

Fritz, geboren 1923, war spastisch gelähmt und wohnte deshalb im »Dauerheim Weißensee, Wörthstraße 20« (heute Smetanastraße). Fritz wurde 1941 oder später – vermutlich in Kombination mit dem »Euthanasieprogramm T4«, welches 1941 ja nur zum Schein eingestellt worden war und bis nach (!) Kriegsende unvermindert mit unterschiedlichsten Methoden fortgesetzt wurde[9] – ermordet. Von ihm fehlt jede weitere Spur bisher. Es kann angenommen werden, daß sämtliche Bewohner des jüdischen Heims ermordet wurden[10]. Sein Bruder Günther schreibt dazu:

Fritz turned out to be a spastic child. Fritz was ›eliminated‹ by the Nazis. By then it was too late (1939) for my parents to get out of Germany.

Auch im Archiv des Centrum Judaicum gibt es keine Hinweise auf das Schicksal der Bewohner des jüdischen Dauerheims. Allerdings war das Heim noch bis mindestens 1942 in Betrieb.

Bevor Hans Hahn (Transportnummer 3535) mit seiner Frau Johanna (Transportnummer 3536) aus der Tauentzienstraße 13 a, wo sie seit 1935 wohnten, von zu Hause abgeholt und deportiert wurde, mußte er als »Fabrikarbeiter« Zwangsarbeit leisten bei Firma C. Pose, Rosenthaler Straße 36, (Centralverwaltung Boxhagener Straße). »Stundenlohn 76 Pfennig, jetzt Accordlohn«. Gemäß seiner »Vermögenserklärung« vom 22. 11. 1941 zahlte Hans für seinen Sohn Fritz monatlich 75,– Reichsmark »Verpflegungsgeld für einen linksseitig gelähmten 18jähr. Sohn, der in einem Dauerheim untergebracht ist. Die Zahlungen gehen an die jüd. Kultusvereinigung, Abt. Rosenstr.« Entweder war Fritz bereits ermordet, wie der Brief von seinem Bruder Günther nahelegt, wahrscheinlich aber hat Günther sich 1983 – als nunmehr alter Mann in Kapstadt erinnernd – im Datum geirrt, denn Hans versuchte, die Zahlungen für Fritz auch noch nach seiner eigenen Deportation zu gewährleisten, mithin ist er 1941 davon ausgegangen, daß sein Sohn noch im Heim lebt, und weiter unten sehen wir, daß noch 1942 über Fritz geredet wird.

Im Gegensatz zu Felix kann/muß Hans verschiedene Werte angeben, meist Honorarforderungen an andere jüdische, bereits beschlagnahmte Vermögen oder Versicherungen. Die auf den 1. 11. 1941 (ebenfalls pauschal vorausdatierte, »alte«) Verfügung über die Vermögenseinziehung stammt in diesem Fall von der »Geheimen Staatspolizei«. Eine oben links auf das Dokument handschriftlich geschriebene, große Zahl »3535« gibt Hinweis auf Hans´ persönliche Nummer, die oben rechts in derselben Schrift geschriebene Zahl »7« gibt Aufschluß über die Nummer des Transports. Es ist der 7. Transport im Rahmen des »Zweiten Deportationsschubes des Reichssicherheitshauptamtes (RSHA)«. Aus der »Zustellungs-Urkunde« vom 25. 11. 1941 geht hervor, daß man Hans und Johanna zunächst in die Synagoge Levetzowstraße 7-8 brachte, die als Sammellager mißbraucht wurde[11]. Dort mußten sie zwei Tage verbringen, bevor der Transport am 27. 11. 1941 endgültig nach Riga abfuhr.

Auch bei Hans wird die unmittelbare Verantwortung von Albert Speer deutlich:

Welche Berliner Juden das Reichssicherheitshauptamt ab Oktober 1941... nach... Riga deportieren würde, war zuerst in der seit 28. Juli 1941 als Umsiedlungsabteilung firmierenden Abteilung II/4 des vom Speer-Vertreter Hettlage geleiteten Hauptamts Verwaltung und Wirtschaft bekannt. Dort wurden die Karteiauszüge der Wohnungen Berliner Juden angefertigt, die als Listen der... Kündigungsanordnungen des GBI mehr als zehntausend Berliner Juden der örtlichen Gestapo zur Deportation überantwortete.[12]

In Riga angekommen, mußten Hans und Johanna ihr eigenes Massengrab ausheben und wurden sofort erschossen. Dies geht bereits aus dem Brief von Günther Hahn hervor, ist aber präziser bei Susanne Willems und Mark Roseman geschildert.

»Wenige Tage zuvor, am Morgen des 30. November, waren binnen 45 Minuten alle 1035 am 27. November aus Berlin nach Riga deportierten Juden bei ihrer Ankunft erschossen worden.«[13]

Über den Grund für diese Tötungen wird heftig debattiert, insbesondere über den für die Ermordung von Berliner

Juden in Riga. Am 29. und 30. November, kurz vor dem Eintreffen der Deportierten, waren im Rigaer Ghetto unter dem Befehl … Friedrich Jeckeln … und … Rudolf Lange, ca. 26000 lettische Juden ermordet worden. Am 30. November telefonierte Himmler vom Führerhauptquartier aus mit Heydrich, um die Order auszugeben: ›Judentransport aus Berlin. Keine Liquidierung.‹ Die Anweisung wurde pflichtgemäß nach Riga weitergeleitet, kam aber zu spät – die Berliner Deportierten waren bereits erschossen worden.[14]

Aus den Akten geht hervor, daß die »überarbeiteten« Nazis, insbesondere »Der Oberfinanzpräsident Berlin«, sich noch lange und intensiv mit Hans' Vermögensverwertung herumschlagen mußten. Entweder war die Kommunikation zwischen den Nazi-Behörden und den Unternehmen nicht immer perfekt, oder es handelt sich um extremen Zynismus. Mit Datum vom 06.02.1942 wird auf einem eigens hierfür kreierten Formular mit der Überschrift »Meldung über evakuierte Juden« darauf hingewiesen, daß der Stromabnehmer der Bewag Aktiengesellschaft »Hans Israel Hahn« seinen Strom, verbraucht im Zeitraum vom 16. 12. 1941 bis 23. 1. 1942, nicht bezahlt hat.

Der lange schon tote Hans hatte auch sträflicherweise versäumt, seine Lebensversicherungsbeiträge weiter zu bezahlen. Aus einem Anhang zur »Vermögenserklärung«, ein Schreiben der Hannoverschen Lebensversicherung vom 2. 3. 1943 an die Staatspolizeistelle Berlin:

Ein an den Versicherungsnehmer Hans Israel Hahn abgesandtes Mahnschreiben wegen der Beitragsrückstände seit

1941 ist mit dem Postvermerk: »Unbekannt verzogen« zurückgekommen … Heil Hitler …

Die Antwort der Gestapo Berlin an den Oberfinanzpräsidenten Berlin-Brandenburg, Vermögensverwertungsstelle ist eindeutig:

Der Jude Hans Israel Hahn … und seine Ehefrau Johanna Sara … sind am 27.11.1941 unter den Transportnummern 3535 und 3536 evakuiert worden. Ich bitte um Verwertung der umseitig genannten Vermögenswerte …

Zuvor hatte der Pfleger von Fritz Hahn, Adolf Baronowitz, versucht, die Lebensversicherung, die Hans auf seine Frau Johanna und in deren Todesfall übergehend auf Fritz abgeschlossen hatte, eben nun für Fritz verwertbar zu erhalten. Baronowitz schrieb an die Hannoversche Versicherung:

Im Interesse meines Pfleglings Fritz Israel Hahn … Antrag … die Umwandlung der Lebensversicherung in eine prämienfreie Versicherung … Die Eltern … sind umgesiedelt worden, darum nicht mehr in der Lage, die fälligen Prämien zu zahlen. Auch mein Pflegling, der ohne Geldmittel ist, kann die zu leistenden Prämien nicht aufbringen. Um den Verfall der Lebensversicherung zu verhindern, stelle ich den obigen Antrag.

Darauf antwortet die Hannoversche Lebensversicherung:

Ihr Pflegling … ist nur widerruflich für den Fall begünstigt, daß die Ehefrau des Versicherten verstorben … Bei dieser Begünstigung handelt es sich um eine wesenlose Anwartschaft. Ihnen als Pfleger... steht nicht das Recht zu, die Ver-

sicherung in eine beitragsfreie umwandeln zu lassen. Versicherungsnehmer und damit unser Vertragsgegner ist Hans Israel Hahn. Der Umwandlungsantrag kann daher nur von diesem gestellt werden. Wir stellen anheim, diesen Antrag von dem Versicherungsnehmer einreichen zu lassen…

Da Adolf Baronowitz sich um Fritz gekümmert hat, möchte ich sein Schicksal nicht unerwähnt lassen. Er wurde am 14. 10. 1942 in Sachsenhausen ermordet, nachdem auch er seine Wohnung hatte räumen müssen. 1939 wohnte er noch in der Freisinger Straße 4, später in der Wörthstraße 20, also unter der Adresse des Dauerheims. Die Freisinger Straße befindet sich in dem Gebiet, welches von Albert Speer zur »Entsiedelung« vorgesehen war. Da Baronowitz erst Pfleger für die Patienten des Dauerheims, dann Leiter der Einrichtung war und dort bis zur Deportation wohnte, die Versicherungsakte des Dauerheims ebenfalls bis 1942 geht, gehe ich davon aus, daß das Heim spätestens im Oktober 1942 aufgelöst und insgesamt deportiert wurde. Fritz wurde demnach 19 Jahre alt.

Am 4. 12. 1944 wird der Oberfinanzpräsident von der Gestapo gebeten:

Der Jude Hahn ist am 27.11.1941 nach dem Osten evakuiert worden. Ich bitte, die noch zum Teil in seiner Wohnung verbliebenen Möbel zu verwerten.

Der letzte, handschriftliche, leider unleserliche Vermerk auf dem Dokument stammt vom 8. 1. 1945.

Margarethe

Hans' Zwillingsschwester Margarethe heiratete am 8.1. 1902 in Berlin Heinrich Levy. Das war ihr Glück. Sonst wäre sie nicht in Tel Aviv am 27.3.1949 (in einem Schreiben des Entschädigungsamtes Berlin vom 30.3. 1960 wird 1959 angegeben) gestorben. Heinrich Levy, geboren am 31.10.1874 in Adrianopel (heute Edirne, Türkei), gestorben 1960 oder 1961 in Tel Aviv, hatte einen türkischen Paß. Damit konnte er seiner Familie in allerletzter Minute das Leben retten. Aus der Ehe gingen zwei Kinder, Rudolf, geboren 15.10.1892 in Berlin, gestorben 28.6.1985 in Tel Aviv, und Hilde, geboren 1.6.1905 in Berlin, gestorben in London, hervor. Die Pfade sind verschlungen und nicht mehr vollständig eruierbar.
Es ist jedoch sicher, daß Margarethe verhaftet und in ein KZ gebracht wurde, als Heinrich nach Palästina vorausgereist war, um von dort aus das Weitere zu organisieren. Rudolf, Dr. iur., war nach Erlaß des »Gesetzes zur Wiederherstellung des Berufsbeamtentums« bereits nach Holland emigriert, wo er 1940 heiratete. Bei der Geburt 1942 starb die erste Zwillingstochter sofort, die zweite überlebte knapp. Sie beschlossen, das Kind in die Obhut eines Bahnarbeiters zu geben, der viele Kinder hatte, so daß ein weiteres nicht auffiel. Sie wollten ihr Kind gegenüber den Deutschen verleugnen, um es zu retten. Rudolf besorgte eine komplette Ausstattung, damit der Bahnarbeiter die Tochter zunächst ohne zusätzliche finanzielle

Belastungen aufziehen konnte. Mit diesen Koffern voller Kinderzeug schnappte ihn die SS. Nach entsprechenden Verhören war klar, daß sie deportiert würden. Zwar hatte keiner den Aufenthaltsort preisgegeben. Aber die Mutter hielt es nicht aus, ohne ihre Tochter zu gehen. Auf dem Transport über Westerbork nach Bergen-Belsen wurde das Kind schwer krank. Heinrich schaffte es, einen Gefangenenaustausch (zwischen Deutschland und der Türkei) so zu nutzen, daß seine Familie über Umwege freikam. Rudolf beschreibt später, wie das Schiff »Drottningholm« der Svenska-Amerika-Linie am 15.3.1945 von Göteborg auslief und fertigte eine Namensliste von SS-Männern an, die ihm in Bergen-Belsen besonders aufgefallen waren. Wie Heinrich Margarethe und Hilde herausholte, ist unklar.

Es existiert leider nur noch ein einziger Brief von Margarethe an ihre Großnichte Jutta. Am 19.10.1947 beschreibt sie das Leben in Tel Aviv:

Interessant ist, wenn man durch die Strassen geht, hört man um sich herum die verschiedensten Sprachen und ich bedaure, daß ich nicht mehr Sprachen kann…

Kurt

Kurt, gestorben 1.2.1946 in Los Angeles, war Großhändler für Spitzen und Stoffe. Er emigrierte rechtzeitig in die USA mit seiner Frau Käthe Schneider, geboren 16.6.1889 in Luckenwalde, gestorben 28.11.1978 in Los Angeles (oder

New York?), und seinem einzigen Sohn Walter, geboren 28.05.1913 in Berlin, gestorben ca. 1985 in Salt Lake City. Viel ist mir über Kurt nicht bekannt. Günther beschreibt ihn und »Tante Käthe« als »both very nice and friendly people«. So klingt es auch in einem (undatierten) Brief von »Kate«, wie sie sich dann nannte, an Margot, ihres Mannes Nichte:

Du warst ja seine (Walters) *alte Liebe, wie Du weißt, und nun kam die sehr große neue dazu zu Eurer Tochter. Er kann nie genug von ihr schwaermen, und ich kann nur bedauern, daß ich weder Euch noch Yutta mal sehen kann. Wie waers mit einem kleinen hierher?*

Walter kam öfter nach Deutschland, da er als Professor Einladungen von deutschen Universitäten bekam. Es war offensichtlich, daß er sich zeit seines Lebens besonders nach Berlin sehnte. Seine Frau (ebenfalls deutsche Emigrantin – unter Verlust fast der kompletten Familie) lehnte jegliche Besuche von Deutschland bis auf eine einzige Ausnahme 1989 ab. Wohl hauptsächlich deshalb blieb er in den USA. So schreibt er am 24.04.1957 zum 80. Geburtstag an Lina, die Frau von seinem Onkel Ernst:

Wie gern möchte ich gerade jetzt, nochmals eine Gruppe nach Europa bringend, mit meinen zwei Mädels (gemeint sind seine Frau und Tochter) *bei der Feier dabei sein können, die Erna und Margot* (seine Cousinen) *und die anderen Lieben in wenigen Tagen um Dich vereint.*

1981 hatte ich das große Glück, Walter in Heidelberg, wo ich gerade im ersten Semester studierte, persönlich kennenzulernen. Ein strahlender, vergnügter Mensch mit blitzenden, tiefblauen Augen und schreiend orangenem Hemd. Die Bootsfahrt auf dem Neckar an einem heißen Sommertag bleibt unvergeßlich.

Adolf

Der jüngste Bruder war Allgemeinmediziner und Gynäkologe. Auch er hat wohl am Ersten Weltkrieg aktiv teilgenommen, so ist es überliefert, auch wenn ich dafür keinen schriftlichen Beleg habe. Adolf faßte den Entschluß, zu emigrieren, und ging mit seiner Frau Marie Gerstle, geboren in München, gestorben in Manchester, nach England. Sie wohnten noch bis zum 24. 4. 1939 in der Xantener Straße 4. In England mußte er ein Nachstudium absolvieren, konnte dann aber in seiner (?) Praxis arbeiten. Er starb am 13. 5. 1955 in Manchester. Auch über Adolf ist leider wenig bekannt. Günther schreibt:
He and his wife, Tante Marie, were very popular in the family. They had no children and managed to leave Germany on time.
Aus Akten weiß ich, daß es insbesondere Adolf und Rudolf waren, die sich um die »Wiedergutmachungsansprüche« kümmerten.

Alfred Hahn

Von ihm ist am meisten erhalten, weswegen wir ihn in den Mittelpunkt stellen. Alfred war der älteste Sohn und wurde am 11. 11. 1873 in Berlin geboren. Er machte eine Banklehre und war offenbar ehrgeizig, denn vom einfachen Lehrling arbeitete er sich zum Direktor hoch, obwohl mir scheint, er habe auch Widerstände zu überwinden gehabt.

Clara, Else und Alfred Hahn, Wannsee 1933

Nach seiner Hochzeit mit Clara Angress, geboren 17.3.1872 in Berlin, wird eine Tochter, Else, am 24.9.1901 in Berlin geboren. Es heißt, Clara sei angesichts der Tatsache, daß die einzige Tochter gehörlos war, verbittert gewesen. Anhand der Photos läßt sich das nicht nachvollziehen. Im Gegenteil soll gerade Else sehr fröhlich und überdurchschnittlich intelligent gewesen sein, sie konnte hervorragend von den Lippen ablesen. Später fand man für sie einen gehörlosen Ehemann, Alfred Werthan (oder Werthahn), geboren 20.10. 1887 in Rothenburg/Fulda, mit dem sie trotz des Alters- und Figurunterschiedes sehr glücklich war. Die Karikatur eines Freundes, der ebenfalls gehörlos war, Leo Reich, ist liebevoll überzeichnet. Else als dürre Bohnenstange neben dem kleinen, fetten, gemütlichen Alfred.

Else und Alfred Werthan ca. 1937

Die Auszüge aus der Personalakte Alfred Hahns geben Aufschluß über die Stationen seiner Laufbahn[15]:

01.10.1888 – 09.1891 Lehrling bei Louis Kuczynski

10.1891 – 31.12.1892 Commis/Angestellter Louis Kuczynski

01.01.1893 – 31.05.1893 Angestellter bei Samuel Zielenziger

01.06.1893 – 31.03.1900 Angestellter im Bankhaus A.E. Wassermann

01.04.1900 – 15.09.1903 Berliner Bank/Berlin Vorsteher Depositenkasse Moritzplatz und Chausseestraße

15.09.1903 – 03.1908 Bank für Handel und Industrie (Darmstädter Bank)/Berlin Vorsteher Depositenkasse G in der Ritterstraße 98/99

03.1908 – 15.02.1912 Bank für Handel und Industrie (Darmstädter Bank)/Berlin; Vorsteher Depositenkasse F in der Jerusalemer Straße 19/20

16.02.1912 – 31.03.1921 Auf Wunsch der Darmstädter Bank Direktoriumsmitglied der Boden-Aktengesellschaft Berlin-Nord

01.04.1921 – 1922 Mitglied der Direktion der Berliner Depositenkassen der Darmstädter Bank/Berlin

04.1922 – 04.1932 Nach der Fusion der Darmstädter Bank mit der Nationalbank für Deutschland zur Darmstädter und Nationalbank (Danatbank) Mitglied der Direktion, ab 02.07.1923 mit dem Titel Direktor.

04.1932 – 01.04.1934 Seit 04.04.1932 in einer Filiale als stellvertretender Direktor beschäftigt.

Passagen aus Dokumenten der Personalakte werfen ein interessantes Licht auf seine Tätigkeit. So heißt es in der Antwort der Berliner Bank vom 6. 8. 1903 auf eine Anfrage der Bank für Handel und Industrie (Darmstädter Bank) – offenbar kurz bevor er von der Berliner Bank dorthin wechselt:
Derselbe [Alfred Hahn] *hat sich stets als tüchtiger Beamter erwiesen, welcher die ihm obliegenden Aufgaben mit Eifer und Sachverständnis wahrnimmt und an dessen Vertrauenswürdigkeit wir nie zu zweifeln Veranlassung hatten.*
Am 23. 9. 1910 beschließt der Vorstand der Darmstädter Bank:
Dessen Gesuch auf Erhöhung seiner Bezüge soll abgelehnt werden.
Am 27. 11. 1911 wiederum will man Alfred jedoch offenbar halten:
Wenn sich derselbe bereit erklärt, mit uns einen neuen dreijährigen Vertrag auf Basis der alten Bedingungen zu schließen, soll von der Forderung gegen ihn, welche in der Angelegenheit Giese besteht, Abstand genommen werden.
Nicht ganz die feine Art, denn bei der »Angelegenheit Giese« muß es sich um eine unangenehme Sache gehandelt haben. Alfred hatte für Giese eine Bürgschaft übernommen, nachdem Giese anscheinend Geld unterschlagen hatte. In welcher Beziehung er zu Giese stand, ist unklar; ich vermute, dieser war einer seiner Untergebenen.
Offenbar hat das Alfreds Karriere jedoch nicht geschadet, und er konnte seine guten Kontakte ausbauen, denn es heißt am 14. 4. 1921:

Herr Hahn... teilte mir gelegentlich mit, daß er seit dem 9. April in der Direktion unserer Depositenkassen neben Herrn Direktor Georg Wolfsohn tätig sei. (Unterschrift nicht leserlich.)
Die Direktion berichtet dem Aufsichtsrat für dessen Sitzung am 4.6.1921:
Die Einschränkung des Geschäftsbetriebes der genannten Gesellschaft (Boden-Aktiengesellschaft Berlin-Nord) *hat es erforderlich gemacht, für Herrn Hahn, dem wir die Zusicherung gegeben hatten, ihn gegebenenfalls wieder in die Dienste der Bank zu übernehmen, einen anderen Wirkungskreis zu schaffen. Wir haben ihm den noch vakanten Posten des Ende vor. Js. verstorbenen Herrn Direktor Bielschowsky übertragen...*
Alfred reist nun auch für die Bank, z.B. ins Rheinland zu den dortigen Filialen, oder, wie sich aus einem Schreiben der Danat-Bank an das Finanzamt Charlottenburg ergibt, am 20.9.1922:
Unser Herr Direktor Alfred Hahn reist in geschäftlichen Angelegenheiten auf zwei Monate nach Polnisch Oberschlesien...
Da Alfred viel und erfolgreich arbeitet, erhält er mehrfach außerordentliche Zuwendungen, beispielsweise 1922 in Höhe von 60.000,– Mark. Und überhaupt scheint es ihm an Geld nicht mehr zu mangeln. Das geht nicht nur aus verschiedenen Gehaltszahlungen hervor – angefangen hatte er 1903 mit 4000,– Mark, 1926 bestehen die Einkünfte aus 15.600,– Gehalt, erheblicher Gewinnbeteili-

gung, Sonderzuwendungen und Dienstaufwandsentschädigungen in Höhe von 2400,– Mark – sondern auch aus einer leider schlecht lesbaren Anweisung. Am 9.9.1925 schreibt Alfred aus Collalbo bei Bozen:

Ich bitte Sie, in Anrechnung auf den vereinbarten Vorschuß einen Betrag von M 11.000 – 12.000,– zur Verfügung meines Bruders, Dr. Hans Hahn, dort zu stellen…

Hochachtungsvoll Alfred Hahn

Er unterstützt mit seinem Geld die Familie und finanziert das Studium seines jüngsten Bruders, wie oben schon erwähnt. Auch aus verschiedenen Photos kann man seine nunmehr gute Position ersehen. Private Ferienreisen z.B. an die Ostsee, nach Italien oder in die Schweiz sind inklusive nobler Unterbringung in den zwanziger und bis Anfang der dreißiger Jahre kein Problem.

Noch 1934 finden sich letzte Spuren seiner vielfältigen Tätigkeiten im »Adreßbuch der Direktoren und Aufsichtsräte Band I«:

Hahn, Alfred, Bankdirektor, Behrenstr. 5
Vorsitzender des Aufsichtsrates der Semmler und Bleyberg Aktiengesellschaft Berlin
Mitglied des Aufsichtsrates
Albert Labus AG Berlin
Tuch- und Kunstwollwerke Jancke & Co. K.a.A. Grünberg in Schlesien
Gust. Tragmann u. Söhne, Spremberg
Industrie-Verwaltung-AG

1926 muß er sich anscheinend richtig erholen. Erhalten ist ein Schreiben aus dem Hotel Bristol in Karlsbad, in dem er einen Direktoriumskollegen bittet, seine Kur um eine Woche verlängern zu können, wie der Arzt ihm empfohlen habe.

Vielleicht ist neben dem gesellschaftlichen Aufstieg auch die Gesundheit ein Grund, 1926 ein großes Grundstück am Kleinen Wannsee zu kaufen und ein Haus darauf bauen zu lassen.

Hier kann man am Wochenende ausspannen, im Garten arbeiten, mit dem Segelboot herumschippern und

»Die Villa am Wannsee«, Hohenzollernstraße 6, 1927

Gartenfest in Wannsee, 16. September 1928

Silvesterfeier 31. Dezember 1929

Salon in Alfred Hahns Haus mit Liebermann-Gemälde:
»Die Blumenterrasse im Wannseegarten nach Südwesten", 1927, im Werkverzeichnis Band II von Prof. Eberle unter Nummer 1927/19

schwimmen... und natürlich häufig gleich die ganze Familie auf einmal empfangen. Die Photos, die fast ausschließlich Else gemacht hat, sprechen Bände. Man feiert im Garten.

Hier werden auch zahlreiche Kunstgegenstände gesammelt. Besonders auffällig ist Alfreds Vorliebe für den Impressionismus. Nachweislich kauft er mindestens ein Aquarell vom Walchensee von Lovis Corinth und ein Wannseegartengemälde von Max Liebermann, welches bis heute irgendwo hängt, wo es nicht hingehört. Die deutsche Galerie, die es zuletzt in den achtziger Jahren verkauft hat, hat mir gegenüber behauptet, die Akten, die zeigen würden, an wen verkauft wurde, seien »leider verbrannt«...

Sein 25jähriges Dienstjubiläum begeht Alfred am 15.9. 1928. Die Aufforderung eines Direktoriumskollegen vom 30.8.1928, wer sich an einem Geschenk beteiligen wolle, möge unterschreiben, ist voll mit Namen. Zu diesem Zeitpunkt ist Alfred auf der Höhe seiner Karriere, und so hoffe ich, auch auf der Höhe seiner Beliebtheit, was allerdings Vermutung bleiben muß. Die Direktoren schenken ihm einen Orientteppich im Wert von 1000,– Mark. Die Quittung stammt von einem renommierten Fachgeschäft, Schuster & Co. Orientteppiche und Kunstgegenstände, Lennéstraße 12.

Sowohl sein beruflicher Aufstieg als auch die Ausgrenzung, die nun alsbald einsetzt, ist an den verschiedenen Wohnsitzen nachvollziehbar:

Vor 1903	Auerbacher (?) Straße 25
1903	Hobrechtstraße 11
1905	Hasenheide 73
1926	Eislebener Straße 4
1926	(– September 1939 als zusätzlicher Wohnsitz) Hohenzollernstraße 6 (Wannsee)
1934	Behrenstraße 5
13. 10. 1939	bis zur Deportation 1942 Hohenzollerndamm 28 bei Familie Rosenmeyer zur Untermiete in einem Zimmer.

Aufgrund der allgemeinen Wirtschaftslage legt die Bank ihren Angestellten nahe, auf Teile des Gehalts zu verzichten. So heißt es im Schreiben vom 31. 12. 1928 noch:
.. . des Dienstvertrages für die Zeit vom 1. Januar 1929 bis 31. Dezember 1931, also um 3 Jahre verlängert wird. Die übrigen Bestimmungen des vorerwähnten Vertrages bleiben unverändert in Kraft« – während am 11. 11. 1930 umgeschwenkt wird:
Die Reichsregierung hat im Interesse einer allgemeinen Preissenkung die Anregung gegeben, auch in den Privatbetrieben die Gehälter zu ermäßigen... Wir schlagen Ihnen deshalb vor, Ihre festen Bezüge... mit Wirkung vom 1. Januar 1931 wie folgt festzusetzen: Gehalt RM 15.000,– Dienstaufwandsentschädigung RM 2100,–. Wir hoffen, daß Sie sich der Notwendigkeit dieser durch die wirtschaftlichen Verhältnisse bedingten Maßnahme nicht verschließen, und bitten Sie, uns Ihr Einverständnis auf beiliegendem Bestätigungsformular zu erklären.

Im Mai 1931 beginnt die Bankenkrise. Ab jetzt überschneidet sich Alfreds Schicksal tragisch mit dem der Darmstädter und Nationalbank (Danatbank), seinem Arbeitgeber:

Am 17.06.1931 brach die größte europäische Woll- und Kammgarnspinnerei, der Nordwolle Konzern in Bremen, zusammen. Hauptkreditgeber des Konzerns war die Darmstädter und Nationalbank, die einen Verlust von 50 Millionen Reichsmark erlitt, während jedoch ihr eigenes Aktienkapital nur 60 Millionen RM betrug… Am 13.07.1931 blieben die Schalter der Darmstädter und Nationalbank, der zweitgrößten Aktienbank, geschlossen… und schließlich brach die spekulativste Bank, die Darmstädter und Nationalbank, zusammen… Die Revision der Großbanken zog sich bis Mitte 1932 hin… Mit einer Notverordnung des Reichspräsidenten vom 11.03.1932 wurden die sich in Liquiditätsschwierigkeiten befindliche Dresdner Bank und die insolvente Danatbank rückwirkend zum 01.01.1931 fusioniert… Mit 91 Prozent war der Anteil des Reiches… am höchsten.[16]

Am 10. 8. 1931 heißt es entsprechend der Entwicklung in Alfreds Personalakte:

Unsere Bemühungen… mußten in erster Linie darauf gerichtet sein, die Wiedereröffnung der Bank herbeizuführen… ist es jetzt unsere Aufgabe, die Voraussetzungen für ein gewinnbringendes Weiterarbeiten der Bank zu schaffen… Nunmehr bedürfen wir Ihrer Mitwirkung bei der künftigen Gestaltung Ihrer Bezüge… Kürzungen zu vereinbaren… vom 1. September 1931 an vorläufig wie folgt zu regeln: Gehalt RM 13.400,- Aufwandsentschädigung RM 1600,-..., so daß Sie auf RM 2100,- Ihres festen Gehalts und RM 7500,- Ihrer Gewinnbeteiligung verzichten... Durch sie sollen für die Zeit ihrer Wirksamkeit Ihre bisherigen Pensionsansprüche weder dem Grunde noch der Höhe nach berührt werden.

Und es geht weiter bergab, allerdings für Alfred zunächst noch unter vergleichsweise komfortablen Bedingungen. Am 7.3.1932 bestätigt die Bank Alfred auf seine Nachfrage:

... im Jahr 1932 voraussichtlich betragen dürfte: Gehalt und Dienstaufwandsentschädigung RM 15.000,– ...

Am 29.3.1932 dann ein Einschreiben, welches ebenfalls die Bankengeschichte wiederspiegelt:

Aus Anlaß der Fusion mit der Dresdner Bank kündigen wir vorsorglich das zwischen uns bestehende Dienstverhältnis zum nächstmöglichen Termin, d.h. zum 30. September 1932. Wir bemerken ausdrücklich, daß diese Kündigung nur erfolgt, um für die Verhandlungen wegen Neugestaltung Ihres Verhältnisses zur Bank die notwendige Voraussetzung zu schaffen.

Am Ende der Akte befindet sich ein kleiner Formular-Zettel, aus dem ersichtlich ist, daß wohl tatsächlich ein neuer Vertrag abgeschlossen wurde, allerdings ist nicht klar, zu welchen Bedingungen:

Eingetreten (in die nunmehr fusionierte Dresdner Bank) *am: 3.4. 32... seit dem 4.4.32 beschäftigt in Filial-Büro als Stellv. Direktor.*

Ob »Filial-Büro« und »stellvertretender Direktor« einer Degradierung gleichkommt, ist nicht eindeutig zu beurteilen. Damit endet die Akte. Merkwürdigerweise gibt es innerhalb von zwei Jahren, zwischen 29.3.1932 und 1.4. 1934, kein einziges weiteres Schriftstück in der Akte, so als hätte sich überhaupt nichts mehr getan. Lapidar heißt es lediglich auf demselben Formular-Zettel:
Ausgetreten am: 1.4.34 pens(ioniert).

Damit ist Alfred im Alter von 61 aus der Bank zwangsweise ausgeschlossen.
Was sich hier konkret beruflich und persönlich abspielt, läßt sich »erahnen« anhand anderer Quellen und paralleler Schicksale. In den Ausführungen von Graul[17] finden wir:
Mit der Machtergreifung der Nationalsozialisten begann auch ein unrühmliches Kapitel in der Geschichte der Dresdner Bank. Durch die Turbulenzen während der Bankenkrise 1931/32 war die Bank nach ihrer Fusion mit der Darmstädter und Nationalbank (Danatbank) unter staatliche Kontrolle geraten. Das Reich war jetzt als Mehrheitsaktionär in der Lage, Einfluß auf die Geschäfte der Bank und insbesondere auf die Personalpolitik zu nehmen. Da in der Dresdner Bank nunmehr die gleichen Kriterien wie in den staatlichen und kommunalen Verwaltungen galten, fand das »Gesetz zur Wiederherstellung des Berufsbeamtentums« dort seine Anwendung. Im Juni 1933 begannen die »Überprüfungen« aller Angestellten bezüglich ihrer »arischen Abstammung«... Die Dresdner Bank nutzte nun

aber auch die gesetzlichen Möglichkeiten, um ihr 1932 nach der Fusion mit der Danatbank begonnenes Personalabbauprogramm mit antisemitischer Zielsetzung fortzuführen. Zwischen September 1933 und Dezember 1934 mußten nach den einfachen Angestellten auch alle als »nicht geschützte Nichtarier« eingestuften Mitglieder des Aufsichtsrates und der Geschäftsleitung ihre Position verlassen…
Das Klima in der Dresdner Bank war… vom Geiste des Antisemitismus vergiftet…[18]
Was für Wolfsohn, Bodenheimer, von Klemperer und Kollegen galt, galt ebenso für Alfred Hahn. Auch sein Photo befindet sich nicht mehr in der Akte. Möglicherweise ist dies ein Zufall.
Aus der antisemitischen Personalpolitik und den Folgen wurde kein Geheimnis gemacht. In einem Vorstands- und Arbeitsausschuß-Sitzungsprotokoll der Dresdner Bank heißt es:
Abfindung und Pensionsanträge ausscheidender nichtarischer Direktoren… Der Herr Reichswirtschaftsminister hat sich mit Schreiben vom 20. Juli 1933 damit einverstanden erklärt, daß an die auf Grund des Gesetzes zur Wiederherstellung des Berufsbeamtentums ausscheidenden Nichtarier Abfindungen gezahlt werden, die jedoch in angemessenem Umfange und unter den Sätzen bleiben müssen, wie sie bei der Fusion der Dresdner Bank mit der Danat-Bank gewährt worden sind und zur Voraussetzung haben, daß der Arbeitsauschuß einer solchen Regelung zustimmt… Herr Geheimrat Norden macht darauf aufmerksam, daß bei der

Festsetzung der Pensionen s.E. eine Kürzung um 22 % zwecks Angleichung an die für die Beamten geltenden Grundsätze erfolgen müßte…

Eine Aufstellung der Betroffenen offenbart, daß es um »rassische Säuberungen« und nicht um reguläre Pensionierungen ging – die Zwangspensionierten dieser Sitzung sind zwischen 33 und 61 Jahre alt. Hier finden wir auch Alfred:

Hahn, stellv. Direktor, Berlin, 21.8.33 Nr. 87… Hahn – st. Dir. – Alter 60 – Eintrittsjahr 1903 – Gehalt RM 27.000,– – Pension ab 1.4.34 – Abfindungsbetrag RM 10.800,–.

Ein weiteres, handschriftlich ausgefülltes Formular zeigt die drastische Entwicklung noch viel deutlicher. (Die erhöhten Beträge zwischen 1.11.1941 und 31.10.1942 führe ich darauf zurück, daß die monatlichen Zusatzzahlungen wegfielen.)

~~Religion~~ *(durchgestrichen):* <u>nichtarisch</u> *(schwungvoll fett unterstr.)*

ab 1.1.1932 *28.500,–* (pro Jahr)

ab 1.10.1932 *27.000,–*

ab 1.1.1934 *24.000,– einschließlich Gewinnbeteiligung*

<u>Pension</u>

ab 1.4.1934 *8400,-*

ab 1.11.1938 *2016,- zusätzlich von der Pensionskasse 168,–*

ab 1.1.1940 *2066,40 zusätzlich von der Pensionskasse 172,20*

ab 1.1.1941 *2116,80 zusätzlich von der Pensionskasse 176,40*

ab 1.11.1941 4800,-
3600,- übergangshalber bis 31.12.1941
ab 1.1.1942 4800,-
Pension wird ab 1.9.42 nicht mehr gezahlt, weil H. in Theresienstadt
Wie in Hans' Fall zeigt sich auch bei Alfred, daß die Kommunikation zwischen den Behörden/Wirtschaft nicht »optimal« verläuft, denn Alfred ist zum Zeitpunkt der Einstellung der Pensionszahlungen längst tot.

Grundstücke

Parallel zu den beruflichen Ausgrenzungen finden die privaten, gesellschaftlichen und finanziellen statt. Anhand der Grundstücke von Alfred und Clara läßt es sich demonstrieren.
Nachdem Alfred in der Hohenzollernstraße 6 in Wannsee das Haus gebaut hatte, konnte er es nur wenige Jahre unbeschwert genießen. Laut einer Grundbuchauskunft vom 06.02.2004, die ich mir über einen Notar besorgt habe – hätte ich selbst, juristisch betrachtet, doch kein eigenes »berechtigtes Interesse« nachweisen können – wurde Alfred als Ersteigentümer des 2971 m² großen Grundstücks am 20.8.1926 eingetragen. Am 1.9.1938 wurde das Grundstück mit einer Höchstbetragssicherungshypothek für das Deutsche Reich in Höhe von RM 24.000,– belastet. Der Notar schreibt dazu:

Aufgrund der Verfolgungsmaßnahmen der Behörden wurde eine Überschuldung seines (Alfreds) *Vermögens entweder konstruiert oder künstlich aufgebauscht. Diese schlug sich in übermäßigen Steuerschulden nieder. Das Finanzamt Zehlendorf ließ sich daraufhin eine Höchstbetragssicherungshypothek bewilligen und im Grundbuch eintragen. Aufgrund dieser finanziellen Lage und der persönlichen Verfolgung war Herr Hahn gezwungen, das Haus zu verkaufen.*
Wie weiter unten ersichtlich, kann es sich ebenfalls um die Absicherung eines eventuellen Anspruches wegen »Reichsfluchtsteuer« gehandelt haben.
Gekauft wurde es von der »Ehefrau Gabriele Elschenbroich, geb. Schlieper, (wohnhaft in Gera, Prinzenstraße 1, später Garmisch-Partenkirchen, Zirbelkopfstraße 5) aufgrund der Auflassung vom 11.2.1939«. Nach Erzählungen der heutigen Eigentümer hat es sich um eine Pianistin mit ihrem Sohn gehandelt. Kurz vor Verlassen des Hauses soll Alfred für sich und seine Frau noch große, lederne Rucksäcke nähen lassen haben. Während die jetzigen Eigentümer, die das Haus 1954 gekauft haben, sich der Geschichte der jüdischen Voreigentümer bewußt sind, will ein Nachbar nichts gewußt haben. Er war sehr verwundert, als ich ihm 2004 den in die Haustür eingearbeiteten, schmiedeeisernen Hahn als Symbol des Familiennamens gezeigt habe, auf den er seit 1986 guckt. Seit dem Zeitpunkt also, an dem das ursprüngliche Grundstück geteilt worden war.

Detail aus der handgearbeiteten Haustür, Herbst 2005, Hohenzollernstraße 6

Heute ist das Grundstück noch 1596 m^2 groß, drei kleinere Grundstücke wurden abgetrennt und verkauft. Von der Straße aus ist das alte, leerstehende, unveränderte Haus kaum mehr sichtbar, denn in Alfreds Garten stehen nun drei üppige Häuser. Als ich das Haus 2003 das erste Mal mit eigenen Augen sah – nur durch Glücksfälle hatte ich die Adresse recherchieren können[19] – stand es für 600.000 Euro zum Verkauf, und ich spielte das erste Mal in meinem Leben Lotto, leider erfolglos.

Ähnliches ereignete sich in der Jerusalemer Straße 8 in Berlin-Mitte. Das Grundstück mit 6,96 Ar und Haus mit Fahrstuhl, Zentralheizung, Nebengebäuden usw. gehörte

Clara Hahn und Herrn Dr. Richard Lachmann je zur Hälfte seit 1921. Dr. Lachmann war Syndikus bei der Dresdner Bank und wohl ein Freund von Alfred. Heute baut dort die Stadt Berlin. Kopien der »Arisierungsakte« liegen mir vor.

Danach hat am 1.9.1938 Notar Freiherr von Godin das Grundbuchamt informiert:

... überreiche ich hiermit... Erklärung der Frau Clara Hahn, geb. Angress, durch die sie Höchstbetragssicherungshypothek zu Gunsten des Deutschen Reiches in Höhe von RM 19.000,– zu Gunsten eines etwaigen Reichsfluchtsteueranspruches auf dem ihr gehörigen hälftigen Miteigentumsanteil bestellt...

und gleichzeitig muß Clara erklären:

... Reichsfluchtsteueranspruches des Deutschen Reiches gegen mich oder meinen Ehemann, den ehemaligen Bankdirektor Alfred Hahn, und zwar zur Sicherung desjenigen Teils dieses etwaigen Reichsfluchtsteueranspruches, der nicht durch die heute gleichzeitig von meinem genannten Ehemann auf dem ihm gehörigen Wannsee, Hohenzollernstraße 6 gelegenen, ... verzeichneten Grundstück bestellte Hypothek zu Gunsten des Deutschen Reiches sichergestellt ist.

Faktische Enteignung zweier großer Vermögenswerte an einem Tag, denn bereits am 1.10.1938 erläßt die Zollfahndungsstelle den Verwaltungsakt aufgrund des »Devisengesetzes«, mit dem jegliche Verfügung über das Grundstück ab sofort der Genehmigung des Oberfinanzpräsiden-

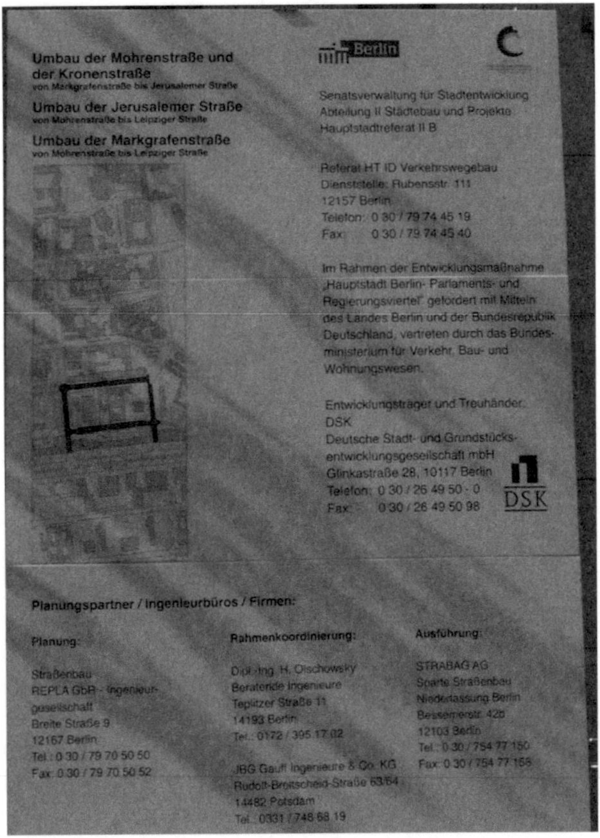

Berlin baut auf Claras Grundstück, Jerusalemer Straße 8

ten bedarf – im Klartext, Clara kann mit ihrem Vermögen nichts mehr anfangen.
Auch Dr. Lachmann wird entsprechend ausgebeutet. Die Pensionskasse der Dresdner Bank bestätigt, daß sowohl Lachmann als auch Clara ihre Verpflichtungen in Höhe von RM 60.000,– aus einer Hypothek zu Gunsten der Bank beglichen haben und nunmehr die restliche Hypothek in eine Sicherung zu Gunsten des Deutschen Reiches umgewandelt werden kann, damit Lachmann seiner Verpflichtung aus der »Juden-Vermögens-Abgabe« – zusätzlich unter Tragung der Eintragungskosten, versteht sich – nachkommen kann. Dieses Mal beurkundet Notar Dr. Felix Hans am 3.3.1939.
Und noch ein weiterer Notar macht sich im Sinne der »Arisierung« um das Deutsche Reich verdient. Dr. Fritz Jacke beurkundet am 27.04.1940 den »Kaufvertrag« zwischen

… 1. frühere Bankdirektor Alfred Israel Hahn Berlin-Wilmersdorf, Hohenzollerndamm 28
2. dessen Ehefrau Clara Sara Hahn … wohnhaft ebenda …
3. der frühere Banksyndicus Dr. iur. Richard Israel Lachmann …
4. der Wirkliche Legationsrat Herr Ferdinand von Stumm aus Rauisch-Holzhausen Kreis Marburg an der Lahn.

Der Erschienene zu 4. ist dem Notar persönlich bekannt. Die persönlich nicht bekannten Erschienenen zu 1–3 legitimieren sich … mit Kennkarte …

Nun folgen etliche Eintragungen, die aus Abteilung III des Grundbuches zitiert werden, kurz, das Grundstück ist bereits mit diversen Ansprüchen des Deutschen Reiches und der Dresdner Bank überzogen, so daß vom eigentlichen Kaufpreis fast nichts mehr bleibt. Den Clara im übrigen sowieso nicht erhält, da das Geld auf einem gesperrten Konto gelagert wird, auf welches sie keinen Zugriff hat, denn das Deutsche Reich könnte weitere Ansprüche geltend machen, noch haben sie »die Genehmigung nach dem Gesetz über den Einsatz jüdischen Vermögens« nicht. Am 19. 9. 1940 wird auch die Hypothek in Höhe von RM 5000,– zu Gunsten des Bruders Felix Hahn gelöscht.
Auf Befragen erklären die Erschienenen zu 1–3, daß sie jüdisch sind. Der Erschienene zu 4 versichert, daß er deutschblütig ist.

Am 26.10.1948 wird das Grundstück bezeichnet als »zwangsveräußerter jüdischer Vorbesitz« und geht in die Verwaltung der Treuhandstelle über. Von dort gelangt es später in die Hände der Jewish Claims Conference (JCC), die es an die Stadt Berlin verkauft. Weder Clara und Alfred noch die Erben der Familie haben davon je einen Pfennig gesehen, denn nach den (meines Erachtens höchst fragwürdigen) Kriterien der JCC sind die Fristen zur Anmeldung eines Anspruchs in den neunziger Jahren nach der Wiedervereinigung abgelaufen. (Wie soll man einen

Anspruch anmelden, wenn bis 2004 keiner wußte, daß solches Vermögen überhaupt vorhanden war, ja nicht einmal die zwischen Deutschland, Südafrika, Südamerika, England, Israel, USA und Holland zerstreute Familie untereinander wußte, daß sie selbst existiert?) Kein Einzelfall, wie ich von einem Berliner Anwalt weiß, und ein Skandal mit politischer Dimension. Das faktische, wenn auch nicht zeitgleiche oder etwa beabsichtigte »Zusammenwirken« in der Zementierung der Folgen von totalitärem Unrecht von Nazis, DDR und JCC zu Lasten der Eigentümer bzw. Erben ist anscheinend ein Thema, an das sich niemand herantraut…

Deportation

Nachdem man Alfred enteignet, aus der Gesellschaft ausgeschlossen und in eine »Judenwohnung« eingepfercht hatte, wurde er am 20. 7. 1942 gemeinsam mit Clara deportiert. Gemäß der Übereinstimmung der Daten aus Bad Arolsen und der Transportliste bei Susanne Willems handelte es sich um den 20. sogenannten Alterstransport nach Theresienstadt im Rahmen der »Deportationen zum Räumauftrag der 3 Großaktion« Speers.
Überstellt: keine Angabe; eingeliefert im Ghetto Theresienstadt am 20. 7. 1942 durch Geheime Staatspolizei Berlin; Kategorie Jude; Religion: keine Angabe; Staatsangehörigkeit: keine Angabe; Beruf: ohne; gestorben 22. 8. 1942 im Ghetto Theresienstadt, keine Angabe zur Todesursache.[20]
Woran Alfred »gestorben« ist, läßt sich also nicht mehr herausfinden. Allein die Aussagen der Nazi-Akten »Kategorie: Jude« und »Staatsangehörigkeit: keine Angabe« sowie die Tatsache, daß er nur einen Monat und zwei Tage nach seiner Deportation noch überlebt hat, spricht auch ohne weitere Erklärungen eine eigene Sprache.

Wahrscheinlich Schrecklicheres gilt für Clara:
Eingeliefert im Ghetto Theresienstadt am 20. 07. 1942 durch Geheime Staatspolizei Berlin; Kategorie Jüdin; Religion: keine Angabe; Staatsangehörigkeit: keine Angabe; Beruf:

ohne; überstellt am 19.09.1942 mit dem Konvoi Bo mit Ziel Maly Trostinec (Belarus).

Auch bei Clara gibt es keine unmittelbaren Fakten zur Todesursache. Mittelbar kann man diese jedoch eindeutig schließen. Im unterirdischen Informationsort des Holocaust-Mahnmals Berlin gibt es hörbare Zeugenaussagen zu Maly Trostinec. Danach durchliefen die Deportierten direkt nach ihrer Ankunft den organisierten Tötungsprozeß. Ohne weiteres Verweilen mußten die Ankömmlinge in getarnte Lastwagen steigen, in denen sie vergast wurden. Nach Feststellungen des früheren tschechoslowakischen Roten Kreuzes vom 25.5.1951 muß der Transport Bo als »Todeskolonne« angesehen werden; weniger als 10% der Deportierten sind nach Kriegsende zurückgekehrt.

Tochter Else lebte mit ihrem Mann Alfred Werthan zunächst in der Münchener Straße 29 in Felix' Nachbarschaft, dann in der Württembergischen Straße 31 – bis zu ihrer Deportation. Alfred Werthan wird am 1.3.1943 mit dem 31. Transport und Else am 12.3.1943 mit dem 36. Transport – beide sind Transporte im Rahmen der »Fabrik-Aktion« – nach Auschwitz deportiert.

»Evakuiert nach Konzentrationslager Auschwitz durch Staatspolizei Berlin; Kategorie: Jüdin; Religion: keine Angaben; Staatsangehörigkeit: keine Angaben; Beruf: keine Angaben; Häftlingsnummer: keine Angaben.«

Die Umstände ihres Todes sind ungeklärt, allerdings bedarf es keiner Phantasie, um sich Elses Ende auszumalen. An der Rampe in Auschwitz wird Else als Gehörlose von vorneherein nicht die geringste Chance gehabt haben – ebensowenig wie ihr Mann. Mit dem für solche Fälle üblichen, einheitlichen Datum 31. 12. 1945 wurde sie für tot erklärt. Außer einem kleinen Schreibtisch, der oben erwähnten Karikatur und zwei Photoalben ist von Else und Alfred Werthan nichts Greifbares geblieben.

Allseits geachtet: Clara und Alfred Hahn, Juli 1928 im Garten

Stolpersteine

»Stolpersteine« für Alfred und Clara Hahn, im Herbst 2004 in Wannsee verlegt

Beide tauchen jedoch noch einmal im öffentlichen Bewußtsein auf. Nachdem im September 2004 Stolpersteine (www.stolpersteine.com) in der Württembergischen Straße 31 verlegt worden waren, verschwanden sie bereits wenige Stunden danach wieder. Die Täter hatten die Erinnerungssteine mit erheblichem Kraftaufwand aus dem Gehsteig herausgebrochen; am hellichten Tag hat niemand etwas gesehen. Die von mir erstattete Strafanzeige brachte erwartungsgemäß kein Ergebnis, das Verfahren wurde nach wenigen Wochen eingestellt. Da es jedoch der zweite Fall von antisemitischem Vandalismus/»Diebstahl« von Stolpersteinen in Berlin war, berichtete die Presse darüber.

Auf einer rechtsextremistischen Webseite wurde der »Fall« Else und Alfred Werthan als »nachahmenswert« empfohlen, die Stolpersteine als »überflüssige Judenrelikte«

bezeichnet und die Privatadresse des Berliner Stolperstein-Betreuers verbunden mit dem Aufruf, diesen »nicht nur zu belästigen«, preisgegeben – und damit Else und Alfred ein weiteres Mal auf ekelerregende Weise gedemütigt. Die Webseite konnte in Zusammenarbeit mit Herrn Dr. Kampe vom Haus der Wannsee-Konferenz und dem Staatsschutz abgestellt werden. Meine persönliche Konfrontation mit den Tätern und eine Strafverfolgung war aufgrund der feigen Anonymität nicht möglich. Mittlerweile sind die Stolpersteine erneut verlegt worden.

Wer nach der Lektüre dieses Buches die Familie Hahn in Berlin »besuchen« möchte, gehe zu folgenden Adressen:
Aschaffenburger Straße 22 (Felix Hahn)
Hohenzollernstraße 6 in Wannsee (Alfred und Clara Hahn)
Tauentzienstraße 13a (Hans, Johanna und Fritz Hahn)
Württembergische Straße 31-32 (Else und Alfred Werthan)

Wer mit mir Kontakt aufnehmen möchte, ist herzlich eingeladen: fleisch@sdfleisch.de

Else Werthan, geb. Hahn, November 1932

Einst unbeschwert: Alfred Hahn und Tochter Else, Sommer 1932 in Wannsee.

Alfred Werthan, Schwiegersohn von Alfred Hahn, August 1938 (?) in Baden-Baden

Anmerkungen

1 Historisches Archiv der Dresdner Bank, Personalakte Nr. E.1959.
2 Brief von Günther Hahn, Kapstadt, an seinen Cousin Walter Hahn, Salt Lake City, 21. 11. 1983
3 Erinnerungen von Jutta Fleisch (2001), geb. 1932, Tochter von Margot Barth, geb. Hahn, Enkeltochter von Ernst Hahn.
4 Micha Brumlik u. a., *Reisen durch das jüdische Deutschland*, Seite 37
5 Susanne Willems, *Der entsiedelte Jude*, Seite 321
6 Susanne Willems a. a. O., insbesondere Seite 374
7 H = Abkürzung für Hauptmieter
8 Auskunft aus Original-Nazi-Akten des Internationalen Suchdienstes Bad Arolsen 2. 9. 1998
9 Ernst Klee, *»Euthanasie« im »NS-Staat«*, Seite 417 ff., 448, 452
10 Ernst Klee a. a. O., Seite 261 ff
11 Micha Brumlik u.a. a. a. O., Seite 36
12 Susanne Willems a. a. O., Seite 326
13 Susanne Willems a. a. O., Seite 432
14 Mark Roseman, *Die Wannseekonferenz*, Seite 77, 78
15 Historisches Archiv der Dresdner Bank, Personalakte Nr. E.1959.
16 Andreas Graul, *Gustav und Victor von Klemperer - Eine biografische Skizze*, Seite121 f.
17 Andreas Graul a. a. O., Seite 135
18 Andreas Graul a. a. O., Seite 140
19 Siehe Schriftenreihe des Hauses der Wannsee-Konferenz, *Villenkolonien am Wannsee 1870–1945*, Seite 69, dort wird Alfred ausdrücklich mit Adresse erwähnt.
20 Internationaler Suchdienst Bad Arolsen

Literatur

Micha Brumlik u. a., *Reisen durch das jüdische Deutschland*, Dumont Verlag

Andreas Graul, *Gustav und Victor von Klemperer – Eine biografische Skizze*, Publikationen der Eugen-Gutmann-Gesellschaft Band 2

Ernst Klee *»Euthanasie« im NS-Staat – Die »Vernichtung lebensunwerten Lebens«*, Fischer Taschenbuch Verlag

Mark Roseman *Die Wannsee-Konferenz – Wie die NS-Bürokratie den Holocaust organisierte*, Ullstein Verlag

Haus der Wannsee-Konferenz, *Villenkolonien am Wannsee 1870 – 1945 – Großbürgerliche Lebenswelt und Ort der Wannsee-Konferenz*, Begleitbuch zur gleichnamigen Ausstellung ab Juni 2000

Susanne Willems, *Der entsiedelte Jude – Albert Speers Wohnungsbaupolitik für den Berliner Hauptstadtbau*, Publikationen der Gedenk- und Bildungsstätte Haus der Wannsee-Konferenz herausgegeben von Dr. Norbert Kampe u. a., Band 10, Edition Hentrich

Sophie-D. Fleisch

Geboren 1962 in Osterode/Harz. Nach dem Abitur 1980 am Jacobson-Gymnasium in Seesen Studium an der Universität in Heidelberg und in Freiburg/Brsg.: Jura (Schwerpunkt Kriminologie/Kriminalistik, 2. Staatsexamen 1990) und Musikwissenschaft, gefördert durch die Begabtenförderung der Konrad-Adenauer-Stiftung. Zunächst war sie Redakteurin in einer Werbeagentur, arbeitete dann als Konzernjuristin in der Energiebranche (EnBW) und absolvierte die Führungsakademie des Landes Baden-Württemberg. Nach Projektaufenthalten in Israel/Jerusalem bei Ehud Olmert, in England/Leeds bei Mark J. Green und in Jena bei Dr. Lothar Späth war sie Marketingleiterin in einem IT-Security-Consulting-Unternehmen.

Seit 2003 ist sie Schriftstellerin. 2004 wurde sie von der verbandsfreien Loge »Die Unabhängigen« mit der »Medaille für Tapferkeit« ausgezeichnet. Ihr erstes Buch »Elsaß, Laptop, Rachelust!« erschien 2004, das zweite Buch »Die Villa am Wannsee – Auf den Spuren der Familie Hahn« 2005 und das dritte Buch »Flittchen und Flusen – Real-Satiren aus 1000 + 1 Tag« 2006.

Bildnachweis
Alle Bilder privat bei Sophie-D. Fleisch. Daniela Gauding; Seite 11

HENTRICH & HENTRICH Berlin/Teetz

Reihe jüdische Memoiren

Herausgegeben von Hermann Simon

Meno Burg **Geschichte meines Dienstlebens** Band 1
Erinnerungen eines jüdischen Majors der preußischen Armee ISBN 3-933471-00-1

Jacob Teitel **Aus meiner Lebensarbeit** Band 2
Erinnerungen eines jüdischen Richters im alten Rußland ISBN 3-933471-03-6

Salomo Sachs **Mein fünfzigjähriges Dienstleben** Band 3
»Ich büße für meinen Glauben« ISBN 3-933471-04-4

Karl Schwarz **Jüdische Kunst – Jüdische Künstler** Band 4
Erinnerungen des ersten Direktors des Berliner Jüdischen Museums ISBN 3-933471-05-2

Martin Riesenburger **Das Licht verlöschte nicht** Band 5
Ein Zeugnis a. d. Nacht d. Faschismus – ein Berl. Rabbinerleben ISBN 3-933471-21-4

Elchanan Nathan Adler **Von Ghetto zu Ghetto** Band 6
Berichte eines jüdischen Reisenden ausgangs des 19. Jahrhunderts ISBN 3-933471-18-4

James Israel **Meine Reise zum Sultan** Band 7
Tagebuch-Notizen 1915 ISBN 3-933471-28-1

Wolfgang Pintzka **Von Sibirien in die Synagoge** Band 8
Erinnerungen aus zwei Welten ISBN 3-933471-31-1

Rosemarie Schuder **Deutsches Stiefmutterland** Band 9
Wege zu Berthold Auerbach ISBN 3-933471-40-0

Magrit Delius **Gisela Jacobius – als Jüdin in Berlin** Band 10
„. . . sind wir am 9. Januar 1943 in den Untergrund gegangen" ISBN 3-933471-88-5

Christoph Hamann **Die Mühsams** Band 11
Geschichte einer Familie ISBN 3-938485-00-0

Christiane Hoff **Anna und Leon** Band 12
Ihre Lebenswege nachgezeichnet ISBN 3-938485-01-9

Lorenz Peter Johannsen **Kinderarzt Karl Leven** Band 13
Lebensspuren – Todesspur ISBN 3-938485-05-1

Hans Brodnitz **Kino intim** Band 14
Eine vergessene Biographie ISBN 3-938485-06-X

Marianne Awerbuch **Erinnerungen aus einem streitbaren Leben** Band 15
Von Berlin nach Palästina – Von Israel nach Berlin In Vorbereitung ISBN 3-938485-39-6

Sabine Hank und Hermann Simon (Bearbeiter) **2 Bände**
Feldpostbriefe jüdischer Soldaten 1914–1918 Sonderausgabe
Briefe ehemaliger Zöglinge an Sigmund Feist ISBN 3-933471-25-7 u. 33-8

Fräulein Rabbiner Jonas Sonderband Zweite Auflage
„Kann die Frau das rabbinische Amt bekleiden?" ISBN 3-933471-17-6